Alphabet illustré

petite ménagère

X 1967 S
(95)

ALPHABET
DE
LA PETITE MÉNAGÈRE.

PROPRIÉTÉ DES ÉDITEURS

LETTRES MAJUSCULES.

A B C

D E F

G H I J

K L M

N O P

Q R S T

U V W

X Y Z

LETTRES MINUSCULES.

a b c d e

f g h i j

k l m n o

p q r s t

u v w x y z

LETTRES MINUSCULES ITALIQUES.

a   *b*   *c*   *d*   *e*

f   *g*   *h*   *i*   *j*

k   *l*   *m*   *n*   *o*

p   *q*   *r*   *s*   *t*

u   *v*   *w*   *x*   *y*   *z*

A-ni-mal.

Bé-bé.

Ca-ba-ne.

Da-me.

É-cer-ve-lé.

Fi-gu-re.

— 12 —

Gen-dar-me.

Ha-me-çon.

I-do-le.

Jou-jou.

Ka-ka-to-ès.

Li-las.

Ma-man.

Nau-fra-ge.

— 16 —

O-ran-ge.

Pa-pa.

Quê-te.

Ro-se.

Ser-pent.

TU-li-pe.

Voyage en Wagon.

SphinX.

Yo-le.

Zé-phir.

VOYELLES.

(Les voyelles sont des lettres qui peuvent se prononcer sans le secours d'aucun son.)

A E É È Ê

I O U Y

a e é è ê i o u y

CONSONNES.

(Les consonnes sont des lettres qui ne peuvent pas se prononcer sans être jointes à des voyelles.)

B C D F G H J
K L M N P Q R
S T V W X Z

b c d f g h j
k l m n p q r
s t v w x z

ACCENTS.

Il y a trois accents :

L'accent aigu, qui se met sur l'*e* fermé :

Ru-sé.

L'accent grave, qui se met sur l'*e* ouvert :

Mè-re.

L'accent circonflexe, qui se met sur les voyelles longues :

Pâ-tre Fê-te E-pî-tre Pô-le Flû-te.

B

(Faire lire d'abord aux enfants les syllabes les unes après les autres dans le sens vertical; ainsi : *ba, be, bi, bo, bu; si, sa,* etc.; et ensuite dans le sens horizontal; exemple : *Ba-si-lic, Be-sa ce.*)

Ba - si - lic
Be - sa - ce
Bi - no - cle
Bo - lé - ro
Bu - ra - lis - te

C

Ca - li - cot
Ce - ri - se
Ci - ta - din
Co - lo - nie
Cu - mu - ler

Ac-cé-der
Ec-clé-si-as-te
I-co-glan
Oc-cu-pé

D

Da - li - la
Dé - bi - ter
Di - plô - me
Do - mi - no
Du - re - té

Ad-mi-ra-ble
E-dre-don
I-do-le
O-do-rat

F

Fa - mi - ne
Fe - nai - son
Fi - ne - ment
Fo - lâ - tre
Fu - ti - le

Af-fec-té
Ef-fron-té
If
Of-fen-ser

G

Ga - lè - re
Gé - né - reux
Gi - ber - ne
Go - be - lins
Gut - tu - ral

Ag-gra-ver
E-gli-se
I-gno-rant
O-gi-ve

H

Ha - bi - le
Hé - bé - ter
Hi - dal - go
Ho - no - ra - ble
Hu - ma - ni - té

A-hu-rir
E-hou-per
Uh-lan
Yacht

J

Ja - ve - lot
Je - ton
Jo - cris - se
Ju - ge - ment

A-jou-ter

K

Ka - mi - chi
Ker - mes - se
Ki - lo - mè - tre

U-ka-se

L

La - bou - rer
Lé - gu - me
Li - bé - ral
Lo - ca - tai - re
Lu - mi - neux

Al-lu-mer
El-liptique
Il-lé-gal
Ul-té-rieur.

M

Ma - man
Mé - ri - te
Mi - nu - te
Mo - ra - le
Mu - tis - me

Am-mo-nia-que
E-mi-nent
Im-mor-tel
O-mis-sion

N

Na - tu - rel
Né - ga - tif
Ni - ve - ler
No - bles - se
Nu - mé - ro

An-na-les
En-ne-mi
In-no-cent
U-ni-for-me

P

Pa - pa
Pé - ni - tent
Pi - co - rer
Po - lo - nais
Pu - pî - tre

Ap-pé-tit
É-pi-ne
Op-po-ser
Y-pré-au

Q

Qua - dru - pè - de
Que - rel - le
Quil - le
Quo - li bet
Quin - con - ce

Quin-qui-na
Quin-te
Quin-ze
É-qui-li-bre

R

Ra - va - ger
Re - mi - se
Ri - gi - de
Ro - bi - net
Ru - mi - ner

Ar-ran-ger
Er-ro-né
Ir-ri-té
O-ran-ge

S

Sa - ge - ment
Sé - vè - re
Si - len - ce
So - li - de
Su - bli - me

As-su-rer
Es-to-ca-de
Is-ra-é-li-te
Os-se-let

T

Ta - ci - te
Té - na - ci - té
Ti - mi - de
To - lé - rer
Tu - mul - te

At-ta-cher
É-tu-de
I-ta-li-que
Ot-to-ma-ne

V

Va - can - ce
Vé - gé - tal
Vi - cai - re
Vo - ca - tif
Vul - gai - re

A-vo-cat
E-vi-ter
I-voi-re
O-va-le

X

Xa - vi - er
A - xon - ge
Ex - trê - me
O - xi - der

Y

Ya - ta - gan
Yè - ble
Yo - le
Yuc - ca

Z

Za - gaie
Zé - la - teur
Zi - be - li - ne
Zo - di - a - que
Zo - o - lo - gie
A - zu - ré

CONSONNES COMPOSEES.

Bl	*bla*	son
Br	*bri*	ser
Ch	*che*	val
Cl	*clo*	che
Cr	*cru*	el
Dr	*dry*	a de
Fl	*fla*	con
Fr	*fre*	lon

Gl	*gl*is	ser	
Gn	*gn*o	me	
Gr	*gr*u	ger	
Ph	*ph*y	si	que
Pl	*pl*a	cet	
Pr	*pr*é	cis	
Rh	*rh*u	bar	be
Sc	*sc*i	en	ce
Sl	*sl*a	ve	

Sp   *spo* li er

St   *sty* let

Th   *thé* â tre

Tr   *tri* bu nal

Chr *chré* tien

VOYELLES COMPOSEES.

An *an* se

Am *am* ple

En *en* clos

Em *em* plir

In *in* fi ni

Im *im* po li

Ain ai *rain*

Aim f*aim*

Ein fr*ein*

Ym th*ym*

On *on* gle

Om *om* bre

Un cha *cun*

Um par f*um*

Ou *ou* til

Ai *ai* mer

Eai g*eai*

Ey d*ey*
Ei p*ei* ne
Au *au* teur
Eau ca d*eau*
Eu j*eu*
Œuf b*œuf*

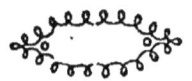

DIPHTONGUES.

[On appelle *diphtongue* deux voyelles réunies dans une même syllabe, et faisant entendre deux sons distincts.]

Ia   p*ia* no
Ié   t*ié* deur
Iè   lu m*iè* re
Io   p*io* che
Ieu   p*ieu*

Iou	ch*iou*r me
Ian	v*ian* de
Ien	b*ien*
Ion	l*ion*
Oi	f*oi*
Eoi	bour g*eoi*s
Oin	l*oin*
Ouin	ba b*ouin*
Oua	r*oua* ge

Oué roué

Ouen Rouen

Oui louis

Ua rua de

Uĭ ap pui

Uin juin

LETTRES DOUBLES.

[Les deux lettres pareilles, placées à côté l'une de l'autre, se prononcent comme une seule lettre ; ainsi *abbé* se prononce comme si l'on écrivait : *a bé.*]

cc comme *c* a*cc*ord

ff   *f* a*ff*iche

gg   *g* a*gg*raver

ll   *l* a*ll*er

mm   *m* co*mm*is

nn comme *n* co *nn*aître

pp *p* a *pp*é tit

rr *r* a *rr*êt

ss *s* e *ss*ai

tt *t* a *tt*a cher

LETTRES NULLES.

[Les lettres muettes ne se prononcent pas.]

a S*a*ône   e fr*e*in

o L*a*on   d bon*d*

g coin*g*   h *h*umain

l fi*l*s   ps tem*ps*

t tou*t*   x yeu*x*

z ne*z*

CHIFFRES ARABES.

1	2	3	4	5
un	deux	trois	quatre	cinq
6	7	8	9	0
six	sept	huit	neuf	zéro

CHIFFRES ROMAINS.

I	II	III	IV	V
1	2	3	4	5
VI	VII	VIII	IX	X
6	7	8	9	10

LECTURES COURANTES

An-na.

La pe-ti-te An-na
est, à six ans, la joie

de sa ma-man. El-le fait le mé-na-ge a-vec sa mère, el-le range par-tout pour la con-ten-ter ; l'or-dre rè-gne dans la mai-son grâ-ce à cet-te bon-ne pe-ti-te fil-le. Sa ma-man est u-ne mè-re très-heu-reu-se.

Bon - jour

Bon-jour, pe-ti-te mè-re, dit An-na en s'é - veil - lant.

En-sui-te el-le s'ha-bil-le tou-te seu-le pen-dant que la ma-man fait du feu pour pré-pa-rer le dé-jeu-ner; et, a-près a-voir fait sa pri-è-re, An-na de-man-de à sa ma-man si el-le a de l'ou-vra-ge à lui don-ner.

Cours vi-te.

Cours vi-te, dit la ma-man, deman-der à la lai-tiè-re

qui est sous la por-te co-chè-re d'em-plir de lait cette boîte ; tu au-ras du ca-fé au lait pour ton dé-jeu-ner. An-na, qui ai-me le ca-fé au lait et qui veut con-ten-ter sa mè-re, tra-ver-se la cour en un ins-tant.

Donnez-moi du lait

La lai-tiè-re est en-tou-rée de huit à dix com-mè-res,

et el-le ne voit pas An-na. La pe-ti-te fil-le, qui craint que sa ma-man ne s'im-pa-ti-en-te, lui dit : Don-nez-moi du lait, s'il vous plaît, Ma-da-me. La lai-tiè-re s'em-pres-se de servir u-ne en-fant si po-lie.

Es-suie les tas-ses.

La ma-man fait es-su-yer les tas-ses par An-na, et, le lait

é-tant chaud, tou-tes deux dé-jeu-nent de bon ap-pé-tit. En-sui-te la pe-ti-te fil-le se hâte de fai-re le mé-na-ge, car dans u-ne pe-ti-te cour sont des pou-lets et des la-pins à qui il faut don-ner à man-ger.

Fol-let-te.

La ma-man est al-lée dans sa chambre, au-près de son

pe-tit E-mi-le qui a deux ans. An-na met un ta-bli-er de toi-le; el-le ba-la-ye la sal-le et met tout en or-dre. Sa bel-le pou-le en-tre et man-ge les miet-tes de pain. Bon-jour, Fol-let-te, tu es bien jo-lie ce ma-tin.

Grand pa-pa.

Quel est ce bon vieil-lard? C'est le grand pa pa d'An-na. Il peut à pei-ne mar-cher et sa can-ne lui est trèsné ces-sai re pour le sou-te nir. Mais sa pe-ti-te fil-le s'ap-pro-che de lui, il s'ap-puie sur son é-pau-le pour al-ler dans la cham bre où est la ma-man d'An-na. Cel-le ci, a près a-voir fait as seoir le bon pa-pa vient re-pren-dre son tra-vail.

Hu-ma-ni-té.

A pei-ne An-na est-elle re-ve nue dans la sal-le qu'un pau vre frap-pe à la por te. Com-me il a l'air fa-ti gué!

An na le fait as seoir, et, avec la per-mis sion de sa ma man, el-le lui don-ne un mor ceau de pain et un verre de vin.

In-va-li-de.

Le pau-vre re con-nais sant ra con-te son his toi re à An na. C'est un an-cien sol-dat, un bou-let lui a empor-té u ne jam be, et, com me il est in-va-li de, il ne peut plus tra-vail-ler. Il s'a-ni-me tant en ra con-tant ses ba-tail-les qu'on croi-rait y, as sis-ter.

Jo-lie Fol-let-te.

Quand l'in-va-li-de est par-ti et que le mé-na-ge est en or-dre, An-na pen-se à ses pe tits pen-sion-nai-res, el le

5.

va cher cher du grain et le met dans son ta bli-er pour le por-ter aux pou-les qui sont dans la cour. Fol let te vient la pre miè-re lui de-man der à man ger. C'est la plus jo-lie de tou-tes.

Ki-lo.

Mais l'heu-re du se-cond dé-jeû-ner est ar-ri-vée. La ma-man en-voie An-na a-che-ter un ki-lo de su-cre chez l'é-pi-cier, car il n'y a plus de suc-re pour le ca-fé noir du bon pa-pa. L'é-pi-cier vo-yant qu'An-na ne sait pas ce que c'est qu'un ki-lo lui mon-tre un poids de cui-vre et lui dit que c'est un ki-lo, ou deux li-vres ou mil-le gram-mes.

La-pins.

Main-te-nant c'est le tour des la-pins. Il faut leur don-ner à man-ger. Com-me ils sont vifs et jo-lis! Mais ils sont aus-si très-crain-tifs et, quoi-qu'ils man-gent de l'her-be dans la main d'An-na, ils se sau-vent dès qu'el-le es-sa-ye de les sai-sir. En voi-ci pour-tant un tout blanc qui paraît moins sau-va-ge que les au-tres ; c'est le fa-vo-ri de la pe-ti-te mé-na-gè-re.

Mar-mot.

En ren-trant dans la sal-le pour se met-tre à cou dre com me el-le le fait cha-que jour, An-na a-per-çoit un

mar-mot gra-ve-ment as-sis par ter-re.
C'est E-mi-le, son pe-tit frè-re, qui joue a-vec des cail-loux et qui es-sa-ye de mar-cher sans pou-voir y par-venir, par-ce-que, com-me il est très-gros et très-lourd, il re-tom-be tou-jours as-sis.

Na-po-li-tain.

An-na s'as-sied tran-quil-le-ment près de la fe-nê-tre et rac-com-mo-de le lin-ge de la mai-son. Mais el-le est dis-trai-te par des cris pous-sés dans la rue. C'est un pe-tit mu-si-cien na-po-li-tain, que de mé-chants en-fants pour-sui-vent en criant, par-ce-que le pau-vre pe-tit est mal vê-tu. An-na, qui a bon cœur, plaint le pe-tit Na-po-li-tain.

Oi-seaux.

La pe-ti-te mé-na-gè-re a-yant fi-ni sa tâ-che, sa ma-man l'em-mè-ne au mar-ché pour l'ai-der à rap-por-ter les pro-vi-sions qu'el-le achète. An-na est en ad-mi-ra-tion de-vant u-ne vo-liè-re plei-ne d'oi-seaux. El-le ne s'a-per-çoit pas que le pa-nier qui est à son bras est très - lourd.

Pa-pa.

En ar ri-vant à la mai-son, An-na ren con-tre son papa qui lui dit de se pré-pa-rer à pren-dre une le-çon de lec-tu-re. La pe ti-te fil-le, toujours o-bé-is san-te, court cher-cher son al-pha bet et vient s'as-seoir sur u-ne chai-se à cô-té de son père. El-le com-men-ce à li-re cou-ram-ment, et son pa-pa l'em-bras-se pour la ré-com-pen-ser de son ap-pli-ca-tion.

Qua-dru-pè-de.

An-na, a-près a-voir pris sa le-çon, se met à plu-mer un pou let pour le dî-ner. El-le fait ri-re son pa-pa en di-sant que le pou-let est un qua-dru-pè-de. Son pa-pa lui ap-prend qu'on ap pel-le seu-le-ment qua-dru-pè-des les a-ni-maux qui ont qua-tre pieds.

Rô-ti.

Voi-là main-te-nant l'ex-cel-len-te pe-ti-te fem-me de mé-na-ge oc-cu-pée a soi-gner le pou-let que sa ma-man a mis à la bro-che. Il faut voir com-me el-le s'a-van-ce gra-ve-ment pour s'as-su-rer qu'il ne brû-le pas. Pour ne pas sa-lir sa ro-be, An-na a re-pris son grand ta-bli-er de cui-si-ne. El-le ai-me beau-coup ce ta-bli-er, car el-le trou-ve qu'il la fait res-sem-bler à sa ma-man.

Sa-von-na-ge.

Sou-vent An-na, pour ai-der sa ma-man, sa-von-ne les pe-tits vê-te-ments de son frè-re. Les jours où el-le fait ce tra-vail sont pour el-le des jours de fê-te. An-na n'est ja-mais plus heu-reu-se que lors-qu'el-le est dans la cour, de-vant un ba-quet plein d'eau de sa-von, avec ses man-ches re-le-vé-es jus qu'au cou de et qu'el-le frot-te de tou-tes ses for-ces le lin-ge du bé-bé.

Toi-let-te.

Mais le di-man-che est le jour du re-pos, et la bon-ne pe-ti-te fil-le, qui a cou-ra-geu-se-ment tra-vail-lé tou-te la se-mai-ne, met, le di-man-che, sa plus bel-le ro-be pour al-ler à la mes-se en gran-de toi-let-te. C'est a-lors qu'el-le est fiè-re a-vec ses che-veux bou-clés et ses ru-bans ro-ses. El-le a pour-tant bien plus de rai-sons d'ê-tre fiè-re en pen-sant qu'el-le a é-té la-bo-rieu-se.

Utile vigilance.

An-na pen-se à tout, ne né-gli-ge rien ; el-le a sau-vé plu-si-eurs fois la vie à son pe-tit frè-re qui se penchait à la fe-nê-tre, ou qui sans el-le se-rait tom-bé dans le feu; el-le est pour E-mi-le u-ne vé-ri-ta-ble pe-ti-te mè-re.

Yeux.

Quand le soir ar-ri ve, a-près u-ne jour-née si bien rem plie, An-na sou-hai-te le bon-soir à ses pa-rents, puis a-vant de se cou-cher el-le se met à ge-noux, joint les mains, et le-vant les yeux au ciel, la de-meu-re du bon Dieu, el-le a-dres-se au Sei-gneur u-ne priè-re fer-ven-te.

Zè-le.

Tout le mon-de ai me la pe-ti-te An-na, et pour ré-com-pen-ser le zè-le a-vec le-quel el-le rem-plit ses de-voirs, cha-cun s'em-pres-se de lui fai-re plai-sir ; ses grands pa-rents, ses on-cles, ses tan-tes, les a-mis de sa fa-mil-le la com-blent de ca-res-ses et de présents, mais rien ne vaut pour el-le un mot d'ap-pro-ba-tion de son pè-re ou un bai-ser de sa mè-re.

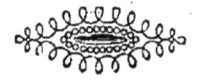

AUX PETITES FILLES

LE MOYEN DE NE JAMAIS S'ENNUYER
EN TRAVAILLANT

Est de s'intéresser à son ouvrage, de le prendre, non pas avec le désir de le quitter bientôt, mais avec la volonté de le finir vite et bien. Ne pas regarder sans cesse combien on a déjà travaillé ou combien on a encore d'ouvrage à faire, mais songer à la satisfaction qu'éprouvera la maman en voyant que sa petite fille s'est efforcée de lui faire plaisir. En agissant ainsi on prend goût au travail, et loin de s'ennuyer, loin de regarder à chaque instant la pendule pour savoir s'il est temps de quitter l'ouvrage, on est tout étonné quand l'heure de la récréation arrive, et l'on s'écrie : Comment, déjà ! je croyais n'avoir travaillé que quelques minutes !

EN JOUANT

Car on s'ennuie quelquefois en jouant, et les enfants qui n'aiment pas à travailler sont aussi ceux qui n'aiment pas à jouer, ou plutôt qui ne savent pas jouer. La première condition pour bien jouer c'est d'avoir bien travaillé. C'est, ensuite, de ne désobéir, en jouant, ni à ses parents, ni à ses maîtres ; car, pour bien s'amuser, il ne faut pas avoir à craindre les reproches ; une conscience inquiète empoisonne tous les jeux. Il faut enfin être douce et complaisante avec ses compagnes : on double son propre plaisir en s'occupant du leur. En un mot, pour bien jouer, il faut être content de soi, et un enfant ne saurait être content de lui, s'il a mécontenté Dieu, ses parents, ses maîtres ou ses camarades.

PRIÈRES

ORAISON DOMINICALE.

Notre Père, qui êtes aux cieux, que votre nom soit sanctifié, que votre règne arrive, que votre volonté soit faite en la terre comme au ciel; donnez-nous aujourd'hui notre pain de chaque jour, pardonnez-nous nos offenses comme nous les pardonnons à ceux qui nous ont offensés; ne nous laissez pas succomber à la tentation, mais délivrez-nous du mal. Ainsi soit-il.

SALUTATION ANGÉLIQUE.

Je vous salue, Marie, pleine de grâce, le Seigneur est avec vous. Vous êtes bénie entre toutes les femmes, et Jésus, le fruit de vos entrailles, est béni.

Sainte Marie, mère de Dieu, priez pour nous, pauvres pécheurs, maintenant et à l'heure de notre mort. Ainsi soit-il.

ACTE DE FOI.

Mon Dieu, je crois fermement tout ce que vous avez dit et tout ce que vous nous enseignez par votre sainte Eglise, parce que vous êtes souverainement véritable dans vos paroles.

ACTE D'ESPÉRANCE.

Mon Dieu, j'espère fermement de votre miséricorde infinie et de votre fidélité dans vos promesses que, par les mérites de Jésus-Christ, mon Sauveur, vous m'accorderez la gloire du ciel et les moyens nécessaires pour y parvenir.

ACTE DE CHARITÉ.

Mon Dieu, je vous aime de tout mon cœur et par-dessus toutes choses, parce que vous êtes infiniment bon et infiniment aimable : j'aime aussi mon prochain comme moi-même pour l'amour de vous.